Les Lampes antiques
du Musée de
Saint-Louis de Carthage,

PAR LE R. P. DELATTRE, Missionnaire d'Alger.

Société de Saint-Augustin,

DESCLÉE, DE BROUWER ET Cie,

Imprimeurs des Facultés Catholiques de Lille.

LILLE — 1889.

Les Lampes antiques
DU MUSÉE DE
Saint-Louis de Carthage.

1773

Les Lampes antiques

ᴅᴜ Musée ᴅᴇ

Saint-Louis ᴅᴇ Carthage,

PAR LE R. P. DELATTRE, Missionnaire d'Alger.

Société de Saint-Augustin,

DESCLÉE, DE BROUWER ᴇᴛ Cᵢₑ,

Imprimeurs des Facultés Catholiques de Lille.

LILLE — 1889.

Les Lampes antiques
DU MUSÉE DE
Saint-Louis de Carthage.

E musée de Saint-Louis, fondé par S. Ém. le cardinal Lavigerie, renferme une importante collection de lampes de terre cuite, appartenant aux diverses périodes qui divisent l'histoire de Carthage.

Certaines particularités caractéristiques, confirmées par des données chronologiques, permettent souvent de classer à coup sûr et d'attribuer à une période bien déterminée le plus grand nombre de ces lampes.

Ainsi les plus anciennes, celles qui datent de la période proto-punique et que nous trouvons ici dans des sépultures remontant à 3,000 ans d'âge et plus, ont la forme toute particulière de *coquilles.* Qu'on se figure une soucoupe ou patère en terre rouge, presque toujours à couverte jaunâtre, de 11 à 12 centimètres de diamètre, dont la

Nº 1.
LAMPE PUNIQUE DE CARTHAGE.

moitié de la circonférence a été repliée en tricorne, de façon à former deux becs (V. la figure nº 1).

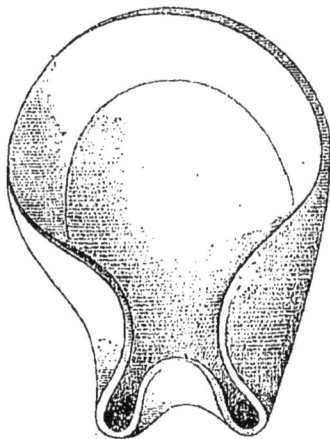

Les Arabes se servent encore, de nos jours, de lampes de forme semblable, auxquelles ils ont ajouté une tige et un pied. Il est curieux de constater que ce modèle de lampes s'est conservé dans plusieurs îles de la Méditerranée, entre autres dans l'île de Malte et dans celle de Gozzo (l'ancienne *Gaulos*).

L'évêque de Gozzo, Mgr Pace ([1]), visitant un jour notre collection, fut vivement frappé de la ressemblance de nos lampes puniques avec celles qu'emploient journellement les paysans de son diocèse. Il n'est pas inutile de noter, en passant, que cette île est peut-être aujourd'hui un des rares points des anciennes possessions carthaginoises, où les savants auraient chance de retrouver, dans le patois vulgaire, des traces du vieux langage punique.

Les lampes phéniciennes dont je viens d'indiquer la forme rudimentaire, ont été rarement signalées par les savants. Jamais même elles n'avaient été remarquées ni à Carthage, ni dans le reste de l'Afrique. On en trouve cependant assez fréquemment dans les nécropoles primitives de la Sardaigne, et naguère encore on en a retiré, à Saïda *(l'ancienne Sidon)*, de la sépulture magnifique du roi Tabnite, le père d'Achmounazar.

C'est donc le type primitif de la lampe employée communément à Carthage.

A une époque un peu moins ancienne, des lampes de même terre et de même forme ont reçu une décoration de couleur brune. Le peintre s'est contenté de faire au pinceau une série de touches ou de points, plus ou moins irréguliers, sur le bord de la lampe. Nous avons

1. Aujourd'hui évêque de Malte.

trouvé dernièrement, sur la colline de Byrsa, des urnes funéraires appartenant à cette même époque, qui jusqu'à présent avait fourni si peu d'échantillons de la céramique punique (¹). Elles sont également décorées de lignes en peinture brune. Dans ces vases, la panse est ornée de cercles horizontaux et de motifs végétaux très simples, dans le goût des poteries cypriotes. Je crois cette céramique de fabrication locale.

Les Tyriens, qui fondèrent Carthage, avaient emprunté, d'abord à l'Égypte, puis à la Chaldée et à l'Assyrie, les produits de leur art et de leur industrie, pour en faire le commerce non seulement dans les îles et sur les côtes de la Méditerranée, mais jusqu'en Gaule sur les bords de la Seine et du Rhin. Il est facile de reconnaître ces diverses influences dans les spécimens que renferme notre collection de terres cuites.

Ici ce sont des figurines de style chaldéen ou d'art assyrien ; là, des masques et des amulettes de provenance égyptienne, ou fabriqués sur place à l'aide de moules apportés d'Égypte.

Plus tard, c'est-à-dire vers le VIᵉ et le Vᵉ siècle avant notre ère, Carthage vit débarquer sur les quais de ses ports quantité de vases grecs. Nous trouvons, en effet, sur plusieurs points de l'antique cité, de nombreuses terres cuites de fabrication hellénique, semblables aux poteries étrusques. L'argile de ces vases est d'un rouge pâle, le plus souvent recouverte d'un beau vernis noir. Nous avons trouvé à Carthage bon nombre de ces poteries grecques portant des *graffiti* puniques, qui prouvent leur importation et leur usage à l'époque carthaginoise.

1. Perrot, *Histoire de l'art dans l'antiquité*, t. III, p. 671.

Parmi nos lampes grecques, quelques unes n'ont pas été vernies. Pour être vendues plus facilement sur les marchés de Carthage, ces lampes étaient parfois appropriées au culte le plus en honneur dans la cité punique. C'est ainsi que nous en possédons portant l'emblème de Tanit, c'est-à-dire un triangle surmonté d'une barre horizontale et d'un disque.

L'importation des produits de la céramique grecque est d'ailleurs attestée, à Carthage, par la découverte d'un grand nombre de débris d'amphores sorties surtout des ateliers de Rhodes. Notre collection renferme une intéressante série d'anses, sur lesquelles se lit la marque du potier. J'en reproduis une ici (¹). (V. la figure, nº 2.)

Nº 2. — ANSE D'AMPHORE RHODIENNE.

Cette anse porte le nom d'Agathocle; mais il ne s'agit pas ici du fameux Sicilien du IVe siècle avant notre ère, qui, de simple potier, devint général et fit une guerre si acharnée aux Carthaginois en Sicile et jusqu'en Afrique même. L'amphore à laquelle appartenait cette anse provenait non pas de Sicile mais de Rhodes.

L'importation de la céramique grecque à Carthage dura jusqu'à la destruction de la ville par Scipion, en 146 avant notre ère. Une marque de potier trouvée ici, quoique latine, nous en fournit la preuve. Voici cette marque :

TR. LOISIO

1. Les autres inscriptions d'anses d'amphores, trouvées par nous à Carthage, ont été publiées dans le *Bulletin de l'Académie d'Hippone*.

D'après le savant professeur Hermann Dessau, cette estampille donne, dans son orthographe archaïque, le nom de *Trebius Loisius* ou *Lusius*, grand commerçant qui, vers le milieu du IIe siècle avant notre ère, fit un emprunt, dans l'île de Délos, au trésor du temple d'Apollon. Des poteries portant son nom avaient déjà été trouvées en Sicile, mêlées à des débris d'amphores de fabrique rhodienne. Ses ateliers et ses magasins semblent donc avoir été situés en Grèce.

Lorsque les barques de *Trebius Lusius* apportaient dans le port de Carthage les vases estampillés à son nom, cette ville puissante était à la veille d'être assiégée, prise, incendiée et détruite par Scipion (146).

Par l'exposé qui précède, on voit combien fut considérable l'importation de la céramique, tant que dura la ville de Carthage. On conçoit donc facilement quelle grande variété de terres cuites, vases, lampes, statuettes, il faut s'attendre à trouver dans les ruines et les décombres de la cité punique.

Malgré cette concurrence faite sur ses marchés par la céramique étrangère, Carthage ne cessa pas de fournir à ses habitants des terres cuites de fabrication locale. Mais il est curieux de voir alors les potiers carthaginois inscrire leur nom en grec sur les produits de leur industrie. C'est ainsi que, dans notre collection, sur deux tessons de composition et d'aspect absolument puniques, on lit imprimé en beaux caractères grecs le nom de Magon :

MAΓΩN

De plus, sur une espèce de pilon oblong, de même

argile et de même apparence, on lit cette inscription latine, gravée à la pointe :

EXOFICINA
ABEDDONIS

Ici le nom d'*Abeddo*, d'origine toute sémitique ([1]), vient confirmer l'impression de l'œil exercé qui examine l'objet. *Abeddo* cependant n'est peut-être pas le nom du potier qui a pétri et moulé de ses mains cet instrument, mais celui de l'ouvrier ou de l'industriel auquel il appartenait.

Vingt ans après la destruction de Carthage, les Gracques vinrent coloniser l'emplacement de la ville rasée par Scipion, et apportèrent avec eux les usages de l'Italie, leur patrie. C'est alors que commença à se montrer à Carthage la poterie romaine. Les échantillons de cette céramique se sont conservés intacts surtout dans les sépultures. On y trouve tout d'abord la lampe à côté de belles patères vernissées d'un rouge brun, à rebord vertical, et estampillées sur leur fond intérieur. On la retire d'ordinaire de petits sarcophages de pierre ou d'urnes de terre cuite renfermant des cendres et des ossements calcinés. Ces sépultures sont généralement dépourvues de tout appendice extérieur. Point de cippe funéraire. On n'y trouve point non plus d'épitaphe. Parfois seulement de très courts graffites se lisent sur les poteries qui accompagnent l'urne funéraire. Celle-ci semble simplement avoir été recouverte de terre, lors de l'inhumation.

---

1. On a même trouvé à Carthage ce nom gravé sur une stèle votive de l'époque punique.

Ces sortes de tombes se rencontrent isolées ou groupées en très petit nombre. Ce sont là évidemment les sépultures des premiers colons romains de Carthage. Chaque famille confiait à son propre terrain les membres que lui enlevait la mort. C'est dans le quartier de Mégara, et surtout sur les pentes ouest et nord-ouest de la montagne de Sidi Bou-Saïd, qu'on découvre, de temps à autre, ces sépultures des premiers colons de la Carthage romaine.

A cette époque, les lampes romaines de forme circulaire avec appendice pour le bec, comme les lampes grecques et étrusques, se font remarquer par la simplicité et l'élégance de leur forme, par la finesse de l'exécution et surtout par la légèreté et la ténuité de l'argile. Comme l'a déjà observé M. Edm. Le Blant (¹), il n'est pas nécessaire de les voir pour les distinguer des lampes chrétiennes. Leur poids seul suffit à les faire reconnaître. J'ajouterai qu'elles sont aussi beaucoup plus légères que les lampes romaines, également païennes, employées un peu plus tard. De l'avis du même savant, elles offrent des types d'une si parfaite élégance qu'elles ont dû être moulées sur des bronzes du travail le plus délicat. Leur disque supérieur n'est percé que d'un seul trou pour l'introduction de l'huile et de l'instrument qui servait à remonter la mèche. Parfois il y a vers le bec un second petit trou ou entaille à peine suffisant pour faire passer une aiguille moderne. Elles offrent aussi cela de particulier qu'elles sont dépourvues de l'anneau de la lampe païenne de la

---

1. *De quelques sujets représentés sur des lampes en terre cuite de l'époque chrétienne*, p. 5.

période qui suit immédiatement, et le pourtour de leur disque est simplement ornementé de deux ou trois lignes concentriques qui entourent le sujet représenté. En un mot, elles se distinguent par leur finesse et en même temps par la sobriété de leur ornementation. Elles portent rarement le nom du fabricant. On les trouve d'ailleurs en nombre assez restreint. Voici quelques-uns des sujets qu'on y voit représentés : Le cheval, le coq, les cornes d'abondance, Pégase, le sanglier, le dauphin, la gazelle, l'aigle, le tigre, le cerf, le daim, etc.

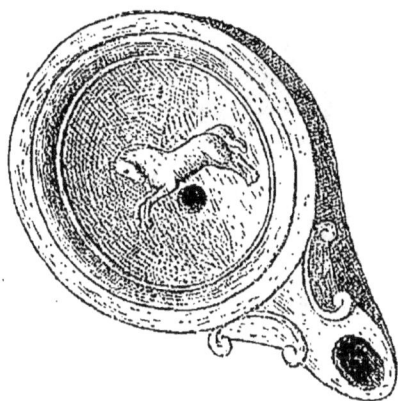

N° 3.
LAMPE ROMAINE PAÏENNE (1re période).

Celle dont nous donnons ici le dessin (n° 3), longue de 0^{m}107 et mesurant 0^{m}075 de diamètre, ne pèse que 46 grammes ; c'est la moitié du poids des lampes *de même dimension*, également païennes, de la période suivante. La différence est encore plus grande, si on les compare avec les lampes de l'époque chrétienne, qui pèsent, à longueur égale, trois et quatre fois davantage.

Dans le courant du Ier siècle, la lampe légère et sans anneau, au lieu de n'offrir presque exclusivement sur son disque que des représentations d'animaux, commence à porter des figures humaines et des scènes vivantes. Ici, c'est une Vénus ou des Cupidons dans diverses attitudes ; là, un quadrige conduit par un aurige vainqueur, ou encore un moulin manœuvré par une bête de somme. Mais ces dernières lampes paraissent déjà moins anciennes que les premières, et on les rencontre dans des sépultures, à côté des lampes de forme un peu différente, dont l'usage fut général à la fin du Ier siècle et durant les deux siècles qui suivirent.

Ce qui distingue surtout la lampe romaine de cette seconde époque, c'est l'appendice, en forme d'anneau, qui permet de la saisir entre le pouce et l'index (no 4).

L'argile n'est plus désormais aussi mince, et si les sujets représentés sont presque aussi délicats que dans les lampes de la période précédente, ils ne sont plus ni aussi simples ni aussi sobres. Le disque supérieur est fréquemment orné de scènes mythologiques et entouré d'une bordure composée de motifs qui se répètent, d'un

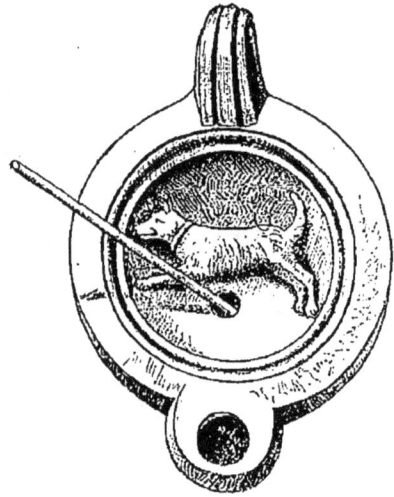

No 4.
LAMPE ROMAINE PAÏENNE (2me période).

goût exquis et d'un joli effet (1). Beaucoup de ces lampes portent au revers, soit gravés à la pointe, soit empreints à l'aide d'un sceau, les nom, prénom et surnom du potier qui les a fabriquées. D'après nos fouilles, l'officine qui en fournit le plus à Carthage est celle de *Caius Clodius Successus*, C· CLO· SVC (2).

---

1. Voir la gravure no 5.
2. Deux lampes de ce fabricant et une autre d'un potier également très connu, *Caius Oppius Restitutus*, n'ont point d'anneau; mais déjà elles sont plus lourdes et l'argile est moins fine et moins mince.

Nous avons trouvé ces lampes, par centaines, dans deux cimetières ayant servi du Ier au IIIe siècle de notre ère, à la sépulture des *officiales*, affranchis, esclaves et hommes libres qui étaient au service du proconsul d'Afrique et formaient l'*officium* du procurateur de la ville de Carthage. Toutes ces lampes proviennent des ateliers de l'Italie, car elles portent les mêmes noms de potiers que celles des musées de Rome et de Naples, que j'ai eu l'occasion de visiter.

Le plus ordinairement, les lampes romaines de la première et de la seconde période n'ont, dans la partie concave de leur disque, qu'un seul trou pour l'aération et pour l'introduction de l'huile et de l'épingle ou de l'aiguille, soit de bronze, soit d'ivoire ou simplement d'os, qui servait, quand il en était besoin, à remonter la mèche.

Plusieurs des lampes que nous avons recueillies dans l'intérieur des cippes funéraires, ont conservé en place cet instrument qui permettait de raviver la lumière et dont l'usage rappelle ce vers attribué à Virgile :

Et producit acu stupas humore carentes.

C'est toujours dans le trou central que nous avons trouvé en place cet instrument, et jamais dans le second petit trou percé vers le bec, lorsqu'il existait, quoiqu'il fût déjà un peu plus grand que dans les lampes romaines primitives.

Par tout ce que nous avons dit, le lecteur peut se faire une idée exacte de la forme de la lampe romaine en usage à Carthage, du Ier au IIIe siècle de notre ère Je ne parle pas ici des lampes à deux et plusieurs becs, à queue triangulaire ou en forme de croissant, telles

No 5. — LAMPES ROMAINES PAÏENNES DE CARTHAGE, (du Ier au IIIe siècle de notre ère).

qu'on en voit quelques-unes dans notre collection (nos 5 et 6).

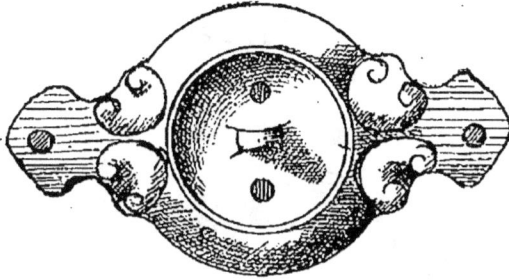

A toutes les époques de l'art céramique, il y eut des potiers qui s'appliquèrent à produire des vases et des lampes dont la forme s'éloignait des types communs.

Nº 6. — LAMPE ROMAINE PAÏENNE DU IIe SIÈCLE.
(Carthage, cimetière de Bir-el-Djebbana.)

Laissant de côté les exceptions, je ne parle ici que des lampes d'usage journalier, et que, pour cette raison, on trouve en si grand nombre à Carthage.

Toutes ces lampes païennes paraissent avoir été, comme les lampes romaines primitives, façonnées à l'aide de moules de bronze. Jusqu'à présent cependant nous n'avons trouvé à Carthage qu'un seul moule de lampe. Il est en plâtre. J'en ai observé de presque semblables à Paris, au musée du Louvre, et à Marseille, au musée Borelli. Celui que nous possédons provient du terrain appelé Bir-el-Djebbana et a été découvert près des deux cimetières romains dont j'ai déjà parlé, et d'un cimetière chrétien d'époque moins reculée. Ce moule était destiné à la fabrication de lampes qui ne portaient sur leur disque supérieur aucun sujet ou emblème. Seul le pourtour est orné d'une triple rangée de demi-globules. Notre collection renferme seize lampes de cette espèce, presque toutes de terre grisâtre. Deux seulement sont de terre rougeâtre. Toutes ont leur disque entouré d'une double ligne de demi-globules et percé, au centre, d'un seul trou circulaire (n° 7). Les deux tiers de ces lampes ont encore, vers le bec, le tout petit trou presque imperceptible que j'ai signalé plus haut dans les lampes païennes.

Ces particularités, on le voit, les rapprochent de la lampe païenne. Trois seulement ont leur disque orné d'un sujet. Sur l'une, c'est une double palme ; sur l'autre, une étoile à huit branches, qui cache peut-être un sens monogrammatique ; et sur la troisième, un sujet païen, Cupidon ailé dans une coquille. A

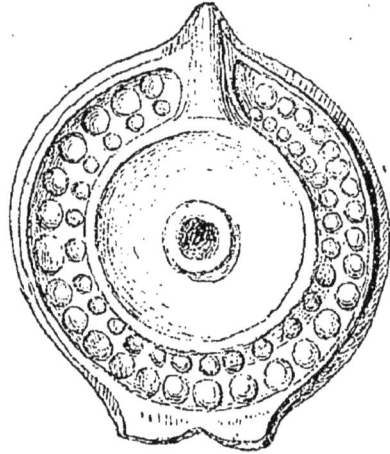

N° 7. — LAMPE DE CARTHAGE, TYPE DE TRANSITION.

part ces trois lampes (¹), toutes les autres ont leur disque central complètement uni. Deux seulement sont munies d'un anneau ; toutes les autres ont la queue pleine que nous signalerons bientôt dans les lampes chrétiennes. L'épaisseur de la pâte et leur poids les rapprochent aussi beaucoup de la lampe chrétienne.

La découverte à Carthage d'un moule de plâtre destiné à fabriquer ces sortes de lampes prouve qu'elles étaient le produit d'une industrie locale. Il faut donc, je crois, reconnaître, dans ces spécimens, le *type de*

---

1. On vient encore de trouver, dans la cour des Sœurs Missionnaires d'Afrique, sur la colline de Junon, une lampe de cette espèce, dont le disque percé de deux trous porte l'emblème du chandelier à sept branches. C'est une lampe juive.

transition entre la lampe de forme et de fabrication romaines et celle de terre rouge de l'époque chrétienne et de façon africaine.

Plusieurs autres observations me semblent, d'ailleurs, confirmer cette conclusion.

1° On a trouvé à Meraïssa, dans les ruines de *Carpis*, ancienne ville épiscopale située vis-à-vis de Carthage, de l'autre côté du golfe de Tunis, deux lampes sorties d'un moule analogue au nôtre et dont le revers, au lieu de porter le nom du potier, présente deux marques particulières, absolument inconnues sous les lampes païennes, mais que nous retrouvons au revers des lampes chrétiennes. L'une de ces marques, comme le sujet signalé plus haut, est l'étoile à huit rayons, dans laquelle on peut, quoique sans certitude, reconnaître l'image de la croix combinée avec la première lettre du mot Χριστός. L'autre se compose de deux doubles cercles concentriques (n° 8).

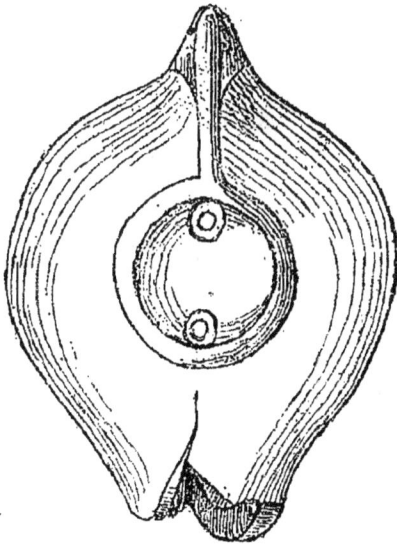

N° 8.
DESSOUS D'UNE LAMPE CHRÉTIENNE.

2° Deux lampes de cette catégorie portent cependant le nom du potier. Sur l'une, c'est celui de *Felix*, sur l'autre celui de *Revocatus*. Le premier de ces noms était autant répandu parmi les païens que parmi les fidèles de Carthage (¹). Mais sur notre lampe, le nom de Félix est accompagné de trois points disposés en triangle, signe symbolique qui se reproduit sur une autre lampe de cette même série et que l'on voit si souvent sur nos lampes chrétiennes.

Quant au nom de *Revocatus*, il se lit sur une des épitaphes chrétiennes de notre basilique de Damous-el-Karita, et ne s'est point encore rencontré parmi les noms païens qu'a fait connaître l'épigraphie latine de Carthage.

De plus, une de ces lampes est marquée, sur le côté, d'un X barré dans lequel on peut reconnaître aussi le monogramme du Christ.

3° Enfin ces lampes et leurs débris se rencontrent dans les mêmes terrains et à la même profondeur que les lampes et fragments de lampes chrétiennes, et jamais, au contraire, dans les cimetières païens des premiers siècles.

En résumé, ces lampes conservent encore la forme de la lampe païenne, mais se rapprochent, par certains détails, de la lampe chrétienne.

Cet ensemble d'observations permet donc de reconnaître dans ces lampes un *type de transition* et de les classer vers le IVᵉ siècle, entre la lampe païenne qui était d'un usage si général, dans les habitations comme dans les cimetières pendant les trois premiers siècles, et les lampes vraiment chrétiennes dont l'usage semble s'être répandu surtout après la victoire de Constantin et le triomphe de l'Église (312).

C'est aussi à cette période de transition qu'il convient

---

1. Parmi les nombreuses épitaphes tant païennes que chrétiennes, trouvées par nous à Carthage, plus de cinquante donnent le nom de *Felix*.

d'attribuer certaines lampes que l'on trouve fréquemment sur un autre point de la côte africaine, dans les ruines de l'ancienne Césarée, aujourd'hui Cherchell. D'après un exemplaire acheté, l'an dernier, par un touriste anglais qui me l'a fait examiner, elles offrent tous les caractères qui font reconnaître la lampe de transition de fabrication locale. La lampe que j'ai eue entre les mains, est de terre jaunâtre, à queue épaisse et non forée, avec trou central et tout petit trou vers le bec. Autour du disque supérieur, complètement uni, elle porte, moulée en relief, cette inscription :

EMITE LVCERNAS COLA + AS ABASSE.
Emite lucernas colatas ab asse.

Berbrugger a traduit cette phrase : « Achetez des lampes fines à un sou ! » Ce qui est frappant et qui permet de conjecturer que cette lampe est déjà chrétienne, c'est la forme de la croix donnée à la lettre T dans le mot *colatas*.

Mais avant de parler de la lampe chrétienne, disons un mot de la lampe juive. Nous en possédons un bon nombre d'exemplaires. Tous se reconnaissent au chandelier à sept branches, symbole qui, contrairement à ce que je croyais d'abord, ne paraît pas avoir été, ici, commun aux chrétiens et aux juifs, mais bien particulier à ces derniers. J'ai déjà mentionné en note une lampe de cette série, à côté de laquelle je puis encore placer deux exemplaires qui ne diffèrent que par l'absence de la double ligne de globules, complètement supprimée dans le premier et remplacée dans le second par une triple ligne de piqûres. C'est d'ailleurs toujours le même genre de travail, avec la queue non forée et le disque percé de deux trous. Quant aux autres lampes de cette série, elles sont plus nombreuses et ressemblent davantage aux lampes chrétiennes par leur forme et par l'argile dont elles sont faites ; mais elles sont communément plus petites et plus grossières de façon. Il est curieux de voir comment, dans notre série de lampes juives, tel exemplaire, quoique fabriqué à la main, sans moule, se rapproche de la forme générale de la lampe païenne ; comment deux autres peuvent se placer à côté de la lampe de transition décrite ci-dessus; comment une quatrième, d'argile presque grise, ressemble absolument aux lampes chrétiennes; et comment enfin le reste des lampes de cette catégorie vient se classer directement parmi les lampes d'époques chrétiennes, dont je veux surtout parler.

A Carthage, la lampe chrétienne est d'argile presque toujours de couleur rouge, quelquefois seulement de couleur jaunâtre. Sa forme est plus allongée, plus lourde et plus épaisse que dans la lampe païenne (n° 9).

Elle n'a point d'anneau, mais simplement un appendice un peu relevé, non foré, et se terminant en pointe arrondie. Contrairement aussi aux lampes romaines païennes, la partie concave du disque supé-rieur de la lampe chrétienne est généralement percée

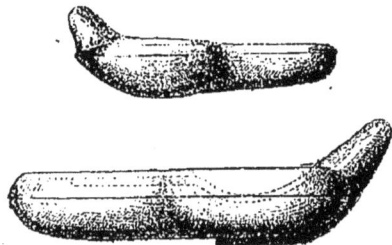

N° 9.
LAMPES CHRÉTIENNES DE CARTHAGE.

de deux trous, à moins toutefois qu'un seul trou ne s'harmonise mieux avec le motif d'ornementation. Ainsi, quand ce motif est une étoile, une rosace, une croix équilatérale, le disque n'a souvent qu'un seul trou placé au centre du dessin. De plus, le disque central est toujours entouré d'une bande circulaire, le plus souvent interrompue, d'un côté, par la base de l'appendice qui sert de queue, et, de l'autre, par le bec où se mettait la mèche. Cette bande est ordinairement remplie d'ornements géométriques, tels que triangles, carrés, losanges, figures ovales, rosaces, disques et demi-disques, auxquels viennent se joindre des fleurons à quatre et à six pétales, des feuilles de vigne, des palmes, des cœurs, des poissons, des colombes, des monogrammes et des croix, et même des faces humaines.

Cette ornementation presque toujours géométrique prouve que ces lampes sont de fabrication africaine. Aussi, contrairement aux lampes romaines, la lampe chrétienne ne porte jamais au revers le nom du potier. Parfois seulement on y voit gravée à la pointe une croix, une palme, certains signes particuliers, ou quelqu'une des lettres de l'alphabet, quand ce n'est pas l'empreinte au poinçon d'un des motifs qui ornent le pourtour du disque supérieur.

La lampe chrétienne était fabriquée à l'aide de deux moules, l'un pour le dessus et l'autre pour le dessous. Les deux parties étaient ensuite soudées ensemble. C'est alors que le potier, avec un tube ou emporte-pièce, de la forme et de la grosseur d'une plume d'oie, pratiquait les deux trous de la partie concave du disque.

L'opération demandait un coup sec, et souvent l'extrémité de l'instrument atteignait le fond de la lampe. Il est facile de constater ce fait dans les lampes dont le bec brisé permet d'examiner l'intérieur. Souvent aussi les morceaux de la pâte, ainsi coupés à l'emporte-pièce, sont demeurés collés sur les parois internes où la cuisson les a fixés et durcis.

Quelquefois, au lieu de mouler directement le sujet emblématique, du même coup, avec la partie supérieure de la lampe, le potier le reproduisait, à part, sur une mince couche d'argile, qu'il appliquait ensuite et soudait au centre du disque supérieur. Nous avons plusieurs exemples de cette opération qui ne se remarque jamais sur les lampes païennes.

Ces divers caractères permettent de distinguer à première vue une lampe chrétienne d'une lampe païenne.

Quelquefois la lampe chrétienne a deux becs. Notre collection en renferme plusieurs exemples. Il y en avait même à sept becs. Telle était celle dont nous avons trouvé les débris dans la basilique de Damous-el-Karita, avec une portion de la chaîne de bronze, qui la tenait suspendue à la voûte du *trichorum* ou chapelle à trois absidioles.

D'autres fois, la queue est remplacée par un disque vertical, épais presque d'un centimètre, et de même diamètre que la largeur de la lampe à laquelle il servait comme de réflecteur.

Mais ces sortes de lampes sont toujours brisées, lorsqu'elles sortent de terre. L'angle droit formé par le disque les rendait très fragiles. Aussi trouve-t-on d'ordinaire ces disques séparés des lampes auxquelles

ils appartenaient. J'en ai vu quelques-uns dans des
musées et entre les mains d'amateurs qui en igno-

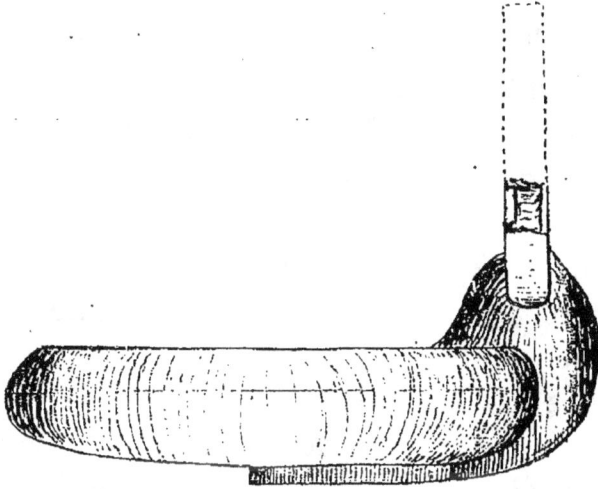

Nº 10 *a*. — LAMPE CHRÉTIENNE AVEC AMORCE DU DISQUE.

raient complètement l'usage. Longtemps aussi je me
suis demandé à quoi ces disques avaient pu servir,
lorsqu'enfin nous avons trouvé une lampe qui avait conservé une partie de cet appendice. Depuis, nous avons recueilli des disques dont la brisure a emporté une portion de la lampe. Il n'y a donc plus de doute possible sur la manière dont ils étaient soudés à la lampe dont ils formaient une sorte de poignée (nº 10, *a* et *b*).

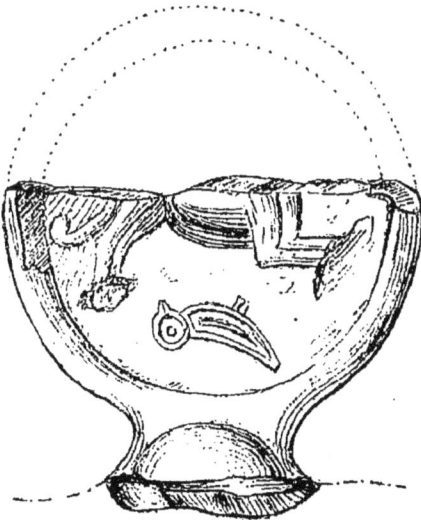

Nº 10 *b*.
DISQUE DE LAMPE CHRÉTIENNE

Notre collection compte aujourd'hui plus de vingt disques. On en trouvera la liste et la description à la suite du catalogue de nos lampes chrétiennes. Ils portent d'ailleurs les mêmes sujets emblématiques que les lampes elles-mêmes. Ce sont le Poisson, le Lion, l'Agneau, le Cerf, le Coq, la Rosace, l'Étoile, le Calice, le Monogramme du Christ sous ses diverses formes, la Croix, l'Orante, etc...

La forme particulière de ces lampes à disque réflecteur semble avoir été inspirée par des monuments de bronze, également chrétiens, dont on a découvert plusieurs spécimens en Égypte, dans les ruines de l'ancienne *Crocodilopolis*, aujourd'hui Medinet-el-Fayoum. A Rome, le musée chrétien du Vatican possède aussi de très curieuses lampes de bronze, que l'on croit de provenance africaine. Les ruines de Carthage cependant n'ont fourni, à ma connaissance, qu'une seule lampe de bronze. Mais cette lampe est dépourvue de toute ornementation ou symbole qui puisse permettre de déterminer à quelle époque elle remonte et si elle est païenne ou chrétienne. En voici le dessin (n° 11).

Il n'est pas plus facile d'indiquer l'âge de plusieurs lampes de notre collection, qui offrent une forme particulière. Elles sont ansées et munies d'un bec bas, long et étroit (n° 12).

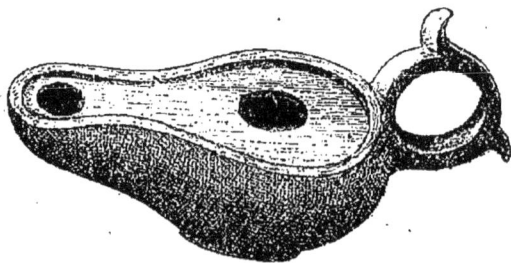

N° 11.
LAMPE DE BRONZE TROUVÉE A CARTHAGE.
Longueur 0ᵐ,11.

Nᵒ 12. — LAMPE DE CARTHAGE DE BASSE ÉPOQUE.

L'une d'elles, en terre rougeâtre à couverte blan-
châtre, ressemble aux poteries puniques ; les autres, de
couleur vert pâle, ou marbrées de vert et de jaune,
sont vernissées. Ces dernières rappellent, à s'y mé-
prendre, les poteries actuelles de Neubel, ville tuni-
sienne, située sur le littoral sud de la presqu'île du
cap Bon.

Quoiqu'il me soit impossible d'attribuer à ces sortes
de lampes une époque déterminée, je croirais volontiers qu'elles datent de la fin de l'occupation byzantine,
peut-être même des débuts de la période arabe.

Mais revenons aux lampes franchement chrétiennes.

Dans quelques rares lampes chrétiennes, la queue,
au lieu de consister en un disque vertical, est remplacée par un cylindre creux, un peu évasé au sommet,
et communiquant avec l'intérieur. Cette sorte d'enton-
noir, qui rendait plus facile l'introduction de l'huile,
servait en même temps de poignée plus commode
que l'appendice ordinaire. Ces lampes sont à double
bec (nᵒ 13).

Il est une autre variété de lampe chrétienne qui
mérite d'être signalée et d'être reproduite ici (nᵒ 14
a et b). Ces lampes ont la forme de bols presque
demi-sphériques, à goulot central et vertical muni de

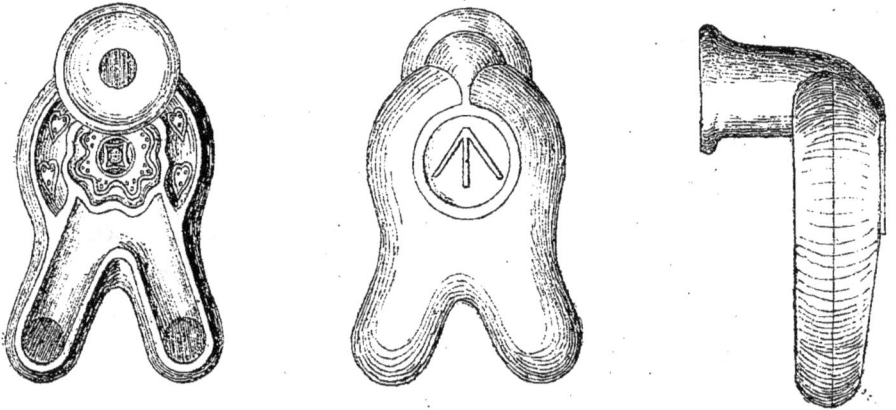

Nᵒ 13. — Lampe chrétienne de Carthage, dessus, dessous et profil.

deux oreillons qui permettaient la suspension à l'aide
de chaînettes. Sur le bord du disque supérieur se
voit le trou où était placée la mèche.

No 14 a.
LAMPE CHRÉTIENNE DE CARTHAGE.

No 14 b.
LAMPE CHRÉTIENNE. (Dessus.)

Signalons encore une lampe assez commune que
j'attribuerais volontiers à l'époque vandale (no 15).

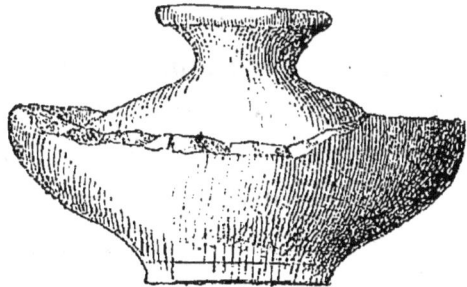

No 15. — LAMPES DE CARTHAGE.

Elle ne porte jamais de symbole ou d'ornementation.
Dans quelques exemplaires le goulot supérieur est
supprimé,

Les deux dessins qui suivent (nᵒˢ 16 et 17) représentent des lampes d'argile grise, dont notre collection
renferme plusieurs spécimens. Quelques-unes ont la
forme de nacelle. Ces lampes doivent appartenir au
IVᵉ siècle ou au début du Vᵉ.

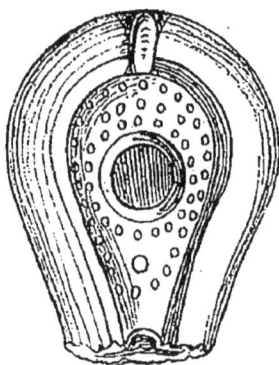

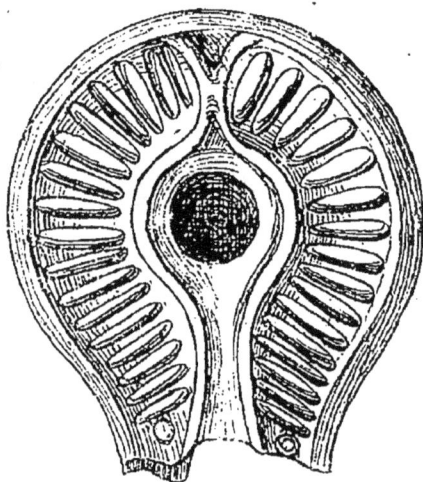

Nᵒ 16. Nᵒ 17.

Telles sont les principales variétés des lampes de
la période chrétienne à Carthage.

Bien souvent on a attribué un usage funéraire à
ces lampes chrétiennes. Suivant en cela l'avis de
plusieurs archéologues, j'ai cru d'abord que certaines
d'entre elles avaient été consacrées aux sépultures.
Mais la découverte et les fouilles de nos anciens
cimetières chrétiens n'ont point prouvé que les fidèles
de Carthage eussent la coutume de déposer des lampes
dans les tombeaux de leurs morts. Je crois donc
inexacte, du moins pour Carthage, l'appellation de lampes funéraires, donnée parfois à ces sortes de lampes.

Beulé, ayant trouvé, dans ses fouilles sur la colline
de Byrsa où jamais les Romains, soit païens, soit chré-

tiens, n'ont inhumé leurs morts, une lampe chrétienne
dont le bec était noirci et en partie brisé, et qui
renfermait une monnaie de Constantin, s'est trompé
doublement, en appelant cette lampe *funéraire* et en
ajoutant que l'usage d'introduire l'obole de Charon
dans la lampe funéraire ne fut point détruit à Carthage
par le christianisme. On ne peut d'ailleurs attribuer
qu'au hasard la présence d'une monnaie dans les deux
lampes au bec brisé, l'une païenne, l'autre chrétienne,
trouvées par Beulé, sur la colline de Byrsa.

La vérité est que ces lampes étaient d'usage do-
mestique et qu'on s'en débarrassait, d'une manière ou
d'une autre, lorsque, le bec étant brisé, elles ne pou-
vaient plus contenir l'huile. C'est pourquoi on les
découvre en si grand nombre dans les ruines de la cité
même de Carthage, parmi les décombres des anciennes habitations, où presque toujours elles sont brisées.
Celles qui se sont conservées intactes, proviennent le
plus souvent de citernes ou de puits dans lesquels elles
ont pu tomber sans se briser.

Dans les demeures, ces lampes étaient placées sur
des consoles, des candélabres ou autres supports, soit
de bois, soit de métal. On ménageait, aussi, dans
l'épaisseur des murs, à l'intérieur des maisons, de
petites niches dans lesquelles on les déposait. En
Égypte, d'après Mariette Bey, on les plaçait parfois
dans des espèces de lanternes portatives et à suspension.

Nous n'avons jamais trouvé, comme je viens de le
dire, de lampes dans les tombes chrétiennes. Rarement
même en trouve-t-on dans les cimetières. Mais les

dépendances des basiliques nous en ont fourni un bon nombre. C'était d'ailleurs un usage, à certains jours solennels, d'éclairer et d'illuminer, à l'aide de telles lampes, l'intérieur des églises et même les habitations particulières.

Eusèbe nous a conservé le souvenir des illuminations splendides ordonnées par Constantin pour célébrer la nuit de Pâques. A Saint-Jean de Latran, dès les premiers siècles, aux grands jours de fête, au lieu de brûler dans les lampes de l'huile ordinaire, on y consumait des baumes spéciaux dont la fumée odoriférante remplissait la vaste basilique et se répandait au loin ([1]).

Mais nous savons que la coutume d'illuminer les églises existait également à Carthage. Victor de Vite rapporte que, pendant la persécution vandale, l'église qu'on appelait église de Faustus, ayant été enlevée aux catholiques et dépouillée de sa riche ornementation, un chrétien la vit en songe, parée de nouveau de sa splendeur et surtout toute brillante de la lumière des lampes : « *Vidit quidam Fausti ecclesiam solito in* « *ornatu fulgentem, cereis quoque fulgentibus, pallio-* « *rumve velamine ac LAMPADIBUS rutilantem.* »

Mais ce qui donne un intérêt tout particulier à notre collection de lampes chrétiennes, ce n'est pas seulement le nombre important des exemplaires, mais c'est surtout la variété des emblèmes dont elles sont ornées.

Il convient d'ailleurs de faire remarquer que, pour les premiers chrétiens, la lampe elle-même qui produit et répand la lumière, était le symbole de Notre-

---

1. Rohault de Fleury, *Iconostases*, p. 112.

Seigneur Jésus-Christ, *la vraie lumière qui est venue éclairer le monde:* « *Erat lux vera quæ illuminat omnem hominem venientem in hunc mundum* ». (Joan., I, 9.) On voit au musée de Leyde une lampe provenant d'Égypte et sur laquelle ont été imprimées ces paroles du symbole de Nicée : ΦΩC ΕΚ ΦΩΤΟC, *Lumen de lumine* ([1]).

Une autre lampe, trouvée sur le mont Sion à Jérusalem, porte également en grec cette formule significative : « *La lumière du Christ brille pour tous.* »

La lampe était donc le symbole de Notre-Seigneur, qui a dit lui-même: « *Ego sum lux mundi* ». (Joan., VIII, 12.) Aussi les figures moulées sur les lampes chrétiennes ne font-elles que fixer et développer le sens du symbole primitif. Le potier semble avoir eu constamment à l'esprit la pensée du divin Rédempteur, et les images qu'il a produites se rapportent presque toutes à ce pieux thème. Cette intention que nous trouvons à chaque page de notre catalogue de lampes chrétiennes, est manifestement exprimée au revers d'une brique de notre collection, provenant des ruines d'une basilique du IVe siècle.

Lé potier, pendant que l'argile était encore fraîche et impressionnable, a tracé avec ses doigts le monogramme du Christ ☧.

Tantôt le potier chrétien a eu en vue la personne même du Christ, tantôt sa parole sacrée dont la lampe elle-même est le symbole, d'après ce verset du psaume CXVIII : « *Lucerna pedibus meis verbum tuum, et* « *lumen semitis meis.* »

---

[1]. De Rossi, *Bulletin d'archéologie chrétienne, 1868,* p. 78,

« Les fidèles de l'Afrique, écrit M. de Rossi ([1]),
« disaient, vers le milieu du IIIe siècle, avec une
« variante : « *Lucerna pedibus meis sermo tuus* » ; mais
ils n'en appliquaient pas moins ces paroles au Christ
personnellement, comme Verbe divin, et à la lumière
de sa doctrine et de ses préceptes.

Un texte remarquable en fait foi. L'an 259, les
martyrs Montanus, Lucius et leurs compagnons, jetés
en prison à Carthage, attendaient la dernière épreuve.
L'un d'eux écrivit le récit suivant, conservé dans leurs
actes authentiques ([2]) :

« *Reno, qui nobiscum fuerat, somno apprehenso*
« *ostensum est ei produci singulos ; quibus prodeuntibus*
« *lucernæ singulæ præferebantur : cujus autem lucerna*
« *non præcesserat, nec ipse procedebat. Et cum pro-*
« *cessissemus nos cum lucernis nostris, expergefactus*
« *est. Et ut nobis retulit, lætati sumus fidentes nos cum*
« *Christo ambulare* QUI EST LUCERNA PEDIBUS NOSTRIS
« ET QUI EST SERMO SCILICET DEI. »

D'autres emblèmes semblent se rapporter plus
directement au mystère adorable de la sainte Eucha-
ristie. Il n'est pas toujours facile de voir comment le
sujet symbolise Notre-Seigneur JÉSUS-CHRIST ; mais
le grand nombre de lampes sur lesquelles ce symbole
est évident, permet de croire, même quand il n'est
pas facile d'en trouver la raison, que les autres emblèmes étaient aussi destinés à figurer le Sauveur du
monde. Je n'ai nullement la prétention de tout expli-
quer en publiant le catalogue de nos lampes chré-

---

1. De Rossi, *Bull. di archeologia cristiana, 1880*, p. 66.
2. Ruinart, *Acta martyrum sincera*, p. 231.

tiennes. J'ai moins l'intention d'en donner un commentaire, que de fournir aux savants les éléments d'une étude approfondie du symbolisme chrétien en Afrique.

Je ferai cependant remarquer que telle figure qui symbolise Notre-Seigneur, lorsqu'elle est seule et occupe la place d'honneur au centre du disque de la lampe chrétienne, devient l'emblème des fidèles, lorsqu'elle est répétée plusieurs fois ou qu'elle prend une place secondaire. Ainsi le Poisson, le Lion, l'Agneau, la Colombe, la Vigne, le Vase, les divers Monogrammes et la Croix, etc. symbolisent d'abord Jésus-Christ ; puis, si ces emblèmes se dédoublent et se multiplient sur une même lampe, ils symbolisent les simples fidèles qui puisent en Jésus-Christ la vie de la grâce.

Tout ce symbolisme est d'ailleurs conforme à la doctrine de l'Apôtre et à la pensée exprimée par saint Cyprien, que tout chrétien doit être un autre Christ. D'après ce principe, quand le poisson est figuré seul au centre du disque de la lampe, c'est l'Ιχθύς, mot sous lequel est renfermée, on le sait, cette formule : *Jésus-Christ Fils de Dieu Sauveur ;* et quand les poissons sont représentés, soit seuls soit en nombre, à une place secondaire, ils figurent les simples fidèles que Tertullien appelait *pisciculi*.

Parmi les sujets moulés sur nos lampes, plusieurs représentent des personnages et des scènes de l'Ancien Testament. Telles sont les images d'Abel, d'Abraham sacrifiant Isaac, des deux Hébreux rapportant la grappe de raisin de la terre promise, de

Jonas rejeté par la baleine, de Daniel dans la fosse aux lions, et des trois enfants dans la fournaise.

Notre collection renferme aussi de belles lampes sur lesquelles est figuré le Christ vainqueur, d'abord armé de la croix, puis terrassant le dragon infernal, et enfin foulant aux pieds le chandelier mosaïque renversé, preuve de sa venue dans le monde pour remplacer le judaïsme et détruire le paganisme.

Saint-Louis de Carthage,
25 janvier 1889.

A. L. DELATTRE,
pr. miss. d'Alger.

www.ingramcontent.com/pod-product-compliance
Lightning Source LLC
Chambersburg PA
CBHW060759280326
41934CB00010B/2515